CATALOGUE

D'une belle Collection

D'ESTAMPES

DE L'ÉCOLE FRANÇAISE DU XVIII° SIÈCLE

PIÈCES IMPRIMÉES EN NOIR ET EN COULEUR

PAR ET D'APRÈS

Baudouin; Boucher; Chardin; Fragonard
Freudeberg; Greuze; Lancret; Lawreince; Moreau; St-Aubin
Watteau; Debucourt; Janinet; etc.

DONT LA VENTE AUX ENCHÈRES PUBLIQUES AURA LIEU

HOTEL DES COMMISSAIRES-PRISEURS

RUE DROUOT, 5, SALLE N° 4

Les Lundi 15 et Mardi 16 Mai 1876

A UNE HEURE ET DEMIE

Par le ministère de M° **MAURICE DELESTRE**, Commissaire-Priseur,
successeur de M° DELBERGUE-CORMONT, rue Drouot, 23,
Assisté de **MM. DANLOS fils** et **DELISLE**, Marchands d'Estampes,
quai Malaquais, 15.

EXPOSITION PUBLIQUE

Le Dimanche 14 Mai 1876, de 2 heures à 5 heures.

PARIS — 1876

CONDITIONS DE LA VENTE

Elle sera faite au comptant.

Les Acquéreurs paieront CINQ POUR CENT en sus des adjudications.

MM. DANLOS fils et DELISLE, chargés de la vente, se réservent la faculté de rassembler ou de diviser les lots.

ORDRE DES VACATIONS

Lundi 15 Mai............. Nᵒˢ 1 à 211
Mardi 16 Mai............. 212 à la fin

DÉSIGNATION

ÉCOLE FRANÇAISE DU XVIIIᵉ SIÈCLE

PIÈCES IMPRIMÉES EN NOIR

ALIBERT (Chez)

26. — 1 — Le Sommeil interrompu.
Belle épreuve.

ANONYME

2 — Dans un jardin un jeune homme attire à lui une jeune dame qui se défend.
Belle épreuve avant toutes lettres.

3 — L'École.
Très-belle épreuve. Rare.

4 — Allégorie relative à la naissance de Madame Première, gravée par Chapuy.
Belle épreuve. Rare

ANONYME

5 — L'Amour quêteur. — L'Amour volage. — Deux
pièces faisant pendants, gravées par Couché.
Très-belles épreuves, marge.

AUBRY (D'après E.)

6 — L'Heureuse nouvelle, par J. C. Simonet.
Superbe épreuve avant la lettre, grande marge.

BAUDOUIN (D'après PIERRE-ANTOINE)

7 — Les Amants surpris. — Les Amours champêtres.
Deux pièces faisant pendants, gravées par P. P. Chof-
fart.
Très-belles épreuves, marge.

8 — L'Amour frivole, par Beauvarlet.
Belle épreuve.

9 — Le Carquois épuisé, par N. de Launay.
Superbe épreuve avant toutes lettres et avant les armes.

10 — Le Chemin de la fortune, par Voyez major.
Superbe épreuve, toute marge.

11 — Le Coucher de la mariée, gravé à l'eau-forte par
J. M. Moreau et terminé au burin par Simonet.
Superbe épreuve avant toutes lettres. Très-rare.

12 — La même estampe.
Très-belle épreuve avec la lettre:

13 — Le Curieux, par P. Maléuvre.
Très-belle épreuve avant le mot *déposé* au-dessous des mots, *chez
l'auteur, rue des Mathurins*. Toute marge.

14 — Le Danger du tête-à-tête, par Simonet.
Superbe épreuve avant toutes lettres et avant l'encadrement ornementé. Toute marge.

BAUDOUIN (D'après Pierre-Antoine)

13 — L'Enlèvement nocturne, par N. Ponce.
Superbe épreuve avant la lettre.

16 — La Fille grondée par P. Choffard.
Belle épreuve.

17 — Le Fruit de l'amour secret, par Voyez.
Superbe épreuve avant toutes lettres.

18 — La même estampe.
Superbe épreuve avec la lettre, toute marge.

19 — Le Jardinier galant, par Helman.
Très-belle épreuve.

20 — Le Lever, par W. M.
Très-belle épreuve. Rare.

21 — Le Lever, par Massard.
Très-belle épreuve avant la lettre. Très-rare.

22 — Le Lever. — La Toilette. Deux pièces faisant pendants, gravées par Massard et N. Ponce.
Belles épreuves.

23 — Le Matin. — Le Soir. — La Nuit. Trois pièces gravées par de Ghendt.
Très-belles épreuves avant toutes lettres. L'épreuve du *Soir* est avant
la draperie.

24 — Le Matin. — Le Midi. — Le Soir. — La Nuit. Suite
de quatre pièces gravées par de Ghendt.
Belles et anciennes épreuves.

25 — Marchez tout doux, parlez tout bas, par P. P. Choffard.
Belle épreuve.

BAUDOUIN (D'après PIERRE-ANTOINE)

26 — Le Modèle honnête, gravé à l'eau forte par Moreau le jeune et terminé par Simonet.
Belle épreuve, marge.

27 — La Rencontre dangereuse, par Le Veau.
Très-belle épreuve, toute marge.

28 — Rose et Colas, par Simonet.
Très-belle épreuve.

29 — La Sentinelle en défaut, par N. de Launay.
Très-belle épreuve, toute marge.

30 — La Soirée des Tuileries, par Simonet.
Très-belle épreuve, toute marge.

BINET (D'après)

31 — La Pêche, par Boignet.
Très-belle épreuve avant la lettre.

32 — Le Chasseur. — Le Plaisir de la pêche. Deux pièces faisant pendants, gravées par Dugast et Boignet.
Très-belles épreuves.

33 — Le Chasseur. — La Solitude agréable. Deux pièces.
Belles épreuves.

BOILLY (D'après LOUIS)

34 — L'Amant favorisé. — La Comparaison des petits pieds. Deux pièces faisant pendants, gravées par Chaponnier.
Belles épreuves.

34 *bis* — Les mêmes estampes.
Belles épreuves, sans marges.

BOILLY (D'après Louis)

35 — Le Bouquet chéri, par M. A. Chaponnier. —
Très-belle épreuve avant la lettre, grande marge.

36 — La Douce impression de l'harmonie. — Suite de la
Douce impression de l'harmonie. Deux pièces faisant
pendants, gravées par J. Wolff.
Belles épreuves.

37 — Honny soit qui mal y pense, par J. Bonnefoy.
Superbe épreuve avant toutes lettres, les noms des artistes tracés à
la pointe, toute marge.

38 — Il dort. — Que n'y est-il encore ? Deux pièces faisant pendants, gravées par Petit.
Très-belles épreuves avant la lettre.

39 — La Serinette, par Honoré.
Très-belle épreuve.

BOILLY et SCHALL (D'après)

40 — Prélude de Nina. — Le Modèle bien disposé. Deux
pièces faisant pendants, gravées par Chaponnier.
Belles épreuves.

BOREL (D'après)

41 — Il était temps, par Hemery. —
Très-belle épreuve, grande marge.

42 — L'Innocence en danger, par F. Huot. —
Très-belle épreuve.

43 — L'Innocence poursuivie par l'Amour. — L'Amour
puni. Deux pièces faisant pendants, gravées par Avril.
Très-belles épreuves, marges.

BOUCHER (D'après François)

44 — La Baigneuse surprise, par Daullé.
Très-belle épreuve, marge.

45 — Le Calendrier des vieillards, par de Larmessin.
Très-belle épreuve avant l'adresse de Buldet, toute marge.

46 — Les Charmes du printemps, par Daullé.
Très-belle épreuve, toute marge.

47 — La Courtisane amoureuse, par de Larmessin.
Belle épreuve avant l'adresse de Buldet, grande marge.

48 — Le Goûter de l'automne, par Gaillard.
Très-belle épreuve, grande marge.

49 — Les Grâces au bain, par M. Ryland.
Superbe épreuve, grande marge.

50 — Hommage champêtre, par C. L. Duflos.
Très-belle épreuve. Rare.

51 — Mademoiselle de *** en habit d'été, par Michel.
Très-belle épreuve, toute marge.

52 — Naissance et triomphe de Vénus. — L'Amour enchaîné par les Grâces. Deux pièces gravées par Daullé et Beauvarlet.
Belles épreuves.

53 — Pan et Syrinx, par P. Martenasie.
Très-belle épreuve, toute marge.

54 — Le Panier mystérieux, par R. Gaillard.
Belle épreuve.

55 — Le Pasteur galant, par Laurent.
Très-belle épreuve, toute marge.

56 — Pensent-ils au raisin ? par Le Bas.
Très-belle épreuve à l'état d'eau-forte. Rare.

BOUCHER (D'après FRANÇOIS)

57 — Sylvie délivrée par Aminte, par R. Gaillard.
Très-belle épreuve, toute marge.

58 — Silvie fuit le loup qu'elle a blessé, par L. S. Lempereur.
Belle épreuve.

59 — La Toilette de Vénus. — La Naissance de Vénus.
Deux pièces faisant pendants, gravées par Cl. Duflos.
Très-belles épreuves.

60 — Vertumne et Pomone, par A. de Saint-Aubin.
Superbe épreuve avant toutes lettres. Très-rare.

61 — La même estampe.
Très-belle épreuve avec la lettre, grande marge.

62 — Vénus sur les eaux, par J. C. Levasseur.
Superbe épreuve avant toutes lettres. Très-rare.

63 — La même estampe.
Très-belle épreuve avec la lettre, grande marge.

64 — Vénus entrant au bain, par Michel.
Belle épreuve, marge.

65 — Vénus se préparant au jugement de Pâris, par de Lorraine.
Très-belle épreuve, grande marge.

BOUCHER, EISEN, MOREAU, MONNET

6 — Les Métamorphoses d'Ovide, gravées sur les dessins des meilleurs peintres français par les soins des sieurs Lemire et Basan, graveurs.
Suite complète de 140 vignettes en superbes épreuves, plus le titre, la dédicace et la table. Un vol. in-4 cartonné, non rogné. Très-rare.

CARESME (D'après PH.)

67 — La Petite Thérèse, par J. Couché.
Très-belle épreuve.

CARMONTELLE (D'après)

68 — Jardin de Monceau, près Paris, appartenant à son Altesse Sérénissime Monseigneur le duc de Chartres. Paris, chez MM. Delafosse, Née et Masquelier, 1779.
18 planches, plus 6 feuilles de texte, y compris le titre. Très-bel exemplaire, grandes marges. Rare.

69 — La Malheureuse famille Calas, par Delafosse.
Très-belle épreuve, toute marge.

70 — Pas de deux, dansé à l'Opéra par Damberval et Mlle Allard, par J. B. Tillard.
Très-belle épreuve avant que le texte dans la marge du bas ait été changé.

CHALLE (D'après M.-A.)

71 — Les Amants surpris par un garde-chasse.
Superbe épreuve avant toutes lettres.

72 — Les Cerises par Chaponnier.
Très-belle épreuve avant toutes lettres.

73 — La Défaite, par Marchand.
Très-belle épreuve, marge.

74 — Les Désirs de l'Amour, par A. Le Grand.
Très-belle épreuve.

75 — Finissez! par Marchand.
Belle épreuve avant la lettre.

76 — Le Gascon puni, par Lindor de Toulouse.
Belle épreuve.

CHALLE (D'après M.-A.)

77 — *Thé officious waiting Woman*, par Chaponnier. —
Très-belle épreuve, sans marge.

78 — Le Panier renversé, par E. Beisson.
Très-belle épreuve tirée en bistre.

79 — Le Repos interrompu — Le Souvenir agréable. —
Deux pièces faisant pendants, gravées par Vidal.
Très-belles épreuves. Rares.

80 — La Ruelle, par Malapeau.
Très-belle épreuve.

CHARDIN (D'après J.-B. Siméon)

81 — Son portrait, gravé par Chevillet.
Très-belle épreuve.

82 — L'Aveugle, par Surugue fils.
Belle épreuve. Rare.

83 — Le Bénédicité, par Lépicié.
Très-belle épreuve, marge.

84 — La Bonne éducation, par Le Bas.
Très-belle épreuve, marge.

85 — La Bonne Mère, par J.-M. Weiss.
Belle épreuve, toute marge.

86 — Les Bouteilles de savon. — La Fontaine. — Deux
pièces gravées, par Fillœul et C.-N. Cochin.
Belles épreuves.

87 — Dame prenant son thé, par Fillœul.
Très-belle épreuve.

88 — La Fontaine. — La Blanchisseuse. — Deux pièces
faisant pendants, gravées par C.-N. Cochin.
Belles épreuves.

CHARDIN (D'après J.-B. Siméon)

89 — La Fontaine, par C.-N Cochin; réduction en hauteur à l'eau-forte et en contre-partie.
Très-belle épreuve.

90 — Le Garçon cabaretier. — L'Écureuse. — Deux pièces faisant pendants, gravées par C.-N. Cochin.
Très-belles épreuves.

91 — Le Jeu de l'oye, par P.-L. Surugue.
Belle épreuve.

92 — La Mère laborieuse, par Lépicié.
Très-belle épreuve.

93 — L'OEconome, par Ph. Le Bas.
Très-belle épreuve avant toutes lettres. Très-rare.

94 — L'Ouvrière en tapisserie, par J.-J. Flipart.
Très-belle épreuve.

95 — La Petite Fille aux cerises. — Le Bénédicité. — Deux pièces gravées par Cochin et Lépicié.
Belles épreuves.

96 — La Serinette, par L. Cars.
Belle épreuve.

97 — Le Toton, par Lépicié.
Superbe épreuve du premier état, avec la date 1742, à la suite du mot *sculpsit* et avec les premières adresses.

CHEVALLIER (D'après)

98 — Le Peintre amoureux de son modèle, par J.-B. Michel.
Belle épreuve.

CHOFFARD

90 — Titre du catalogue du cabinet de M. Neyman. — L'Enlèvement de Proserpine, d'après Fragonard. — Deux pièces.

Belles épreuves.

CHOFFARD et PAUQUET

100 — Deux Frontispices avant la lettre. — Adresse à monseigneur le comte d'Artois. — Trois pièces.

Très-belles épreuves.

COCHIN (D'après Ch. N.)

101 — Portrait du duc d'Orléans, par A. de Saint-Aubin, in-4°.

Très-belle épreuve avant la lettre.

COCHIN et FILLŒUL (D'après)

102 — Le Milieu du jour. — La Soirée, gravés par Galli- mard. — Deux épreuves de la *Soirée* dont l'une très- rare est avant les vers. — Trois pièces.

Très-belles épreuves.

COIFFURES (Pièces sur les)

103 — Entrée du baron du Caprice chez Mlle des Faveurs. — — Mlle des Faveurs à la promenade à Londres. — Deux pièces.

Très-belles épreuves.

CRÉPY (A Paris chez)

104 — Le Départ de chasse.
Très-belle épreuve.

105 — Le Pressant serment.
Très-belle épreuve, marge.

CROISIER (M. A.)

106 — Portraits de Louis XV, de Louis XVI et de Marie-Antoinette, dans trois médaillons; au bas, dans la marge, on lit : *Un bon Prince est aimé jusque dans ses enfants*, in-8°.
Très-belle épreuve. Rare.

COYPEL

107 — Les Femmes savantes. — M. de Pourceaugnac. — Deux eaux-fortes originales pour les œuvres de Molière.
Très-belles épreuves.

DANDRÉ-BARDON (D'après)

108 — L'Enfance, par Balechou.
Très-belle épreuve, grande marge.

DESRAIS (D'après)

109 — Assis sur un canapé un jeune homme console une jeune dame, gravé par Deny.
Belle épreuve d'une jolie pièce. Rare.

DESRAIS et LECLERC (D'après)

110 — Galerie des modes et costumes français dessinés d'après nature, gravés par les plus célèbres artistes en ce genre.

Précieux recueil comprenant le titre, 40 feuilles de texte et 97 planches.

Très-belles épreuves dont quelques-unes ont des déchirures.

DE TROY (D'après F.)

111 — L'Amant sans gêne, par C.-N. Cochin. —

Belle épreuve.

112 — Le Jeu de pied-de-bœuf, par C.-N. Cochin. —

Très-belle épreuve avant toutes lettres. Rare.

113 — *Fuyez Iris, fuyez ce séjour est à craindre*, etc., par C-.N. Cochin.

Très-belle épreuve.

DIVERS

114 — Modes, vingt pièces.

115 — Différentes vues et plan de l'Église Sainte-Geneviève. — Vue de l'Explosion du magasin à poudre d'Abbeville, le 2 novembre 1773. — Vue perspective de l'entrée principale de la salle de spectacle de Bordeaux, etc. Neuf pièces.

DROUAIS (D'après F.-H.)

116 — Le Comte d'Artois enfant et Madame sur une chèvre, par Beauvarlet.

Superbe épreuve avant toutes lettres, les marges sont couvertes d'essais de burin. Rare.

DROUAIS (D'après F.-H.)

116 bis — La même estampe.
Très-belle épreuve avec la lettre.

117 — Les Petits Savoyards. (Les enfants du roi de Sardaigne), par Melini.
Très-belle épreuve, grande marge.

118 — Les Bulles de savon. — Le Château de cartes. — Deux sujets d'enfants faisant pendants, gravés par Boizot.
Très-belles épreuves.

DUGOURE (D'après E.)

119 — Le Lever de la mariée, par P. Trière.
Superbe et très-rare épreuve avant la lettre, grande marge.

EISEN (D'après Ch.)

120 — Le Jour. — La Nuit. — Deux pièces faisant pendants, gravées par Patas.
Très-belles épreuves.

121 — Concert méchanique, inventé par R. Richard, exposé à la Bibliothèque du Roi, 1769, par de Longueil.
Superbe épreuve, grande marge.

122 — La Jolie Nourrice. — Le Soir. — Le Concert champêtre. — Trois pièces, par de Longueil.
Belles épreuves.

123 — La Dame de charité. — Le Midy. — Deux pièces gravées par Voyez l'aîné et de Longueil.
Belles épreuves.

124 — Henri IV et Gabrielle, par de Monchy.
Très-belle épreuve avant la dédicace, grande marge.

FRAGONARD (D'après Honoré)

125 — Annette à l'âge de quinze ans, gravée par Godefroy.
Deux épreuves dont l'une terminée et l'autre à l'état d'eau-forte.
Rare.

126 — La Bascule, gravée par Beauvarlet.
Très-rare et belle épreuve avec le nom de Boucher et avant la
date 1760, après le nom du graveur. Marge.

127 — Le Chiffre d'amour, par N. de Launay.
Très-belle épreuve, grande marge.

128 — La Coquette fixée, par J. Couché et Dambrun.
Superbe épreuve, très-grande marge.

129 — Le Contrat, par Blot.
Très-belle épreuve avant la dédicace. Rare.

130 — La Gayeté de Silène, par de Launay.
Superbe épreuve avant la dédicace, toute marge.

131 — La Gimblette, par Bertony.
Superbe épreuve avant toutes lettres, avant les armes et avant
la draperie, marge. Très-rare.

132 — Le Serment d'amour. — La Bonne Mère. — Deux
pièces faisant pendants, gravées par J. Mathieu et N.
de Launay.
Belles épreuves.

133 — Le Songe d'amour, par Regnault.
Superbe épreuve avant toutes lettres. Rare.

134 — Le Pot au lait, par N. Ponce.
Très-belle épreuve, marge.

135 — Le Temps orageux, par Mathieu.
Superbe épreuve avant toutes lettres.

FRAGONARD (D'après HONORÉ)

136 — Le Verrou, par Blot.
Très-belle épreuve.

137 — La même estampe, gravée en bistre par un anonyme.
Belle épreuve.

FREUDEBERG (D'après S.)

138 — L'Événement au bal, gravé à l'eau-forte par Duclos et terminé au burin par Ingouf junior.
Très-belle épreuve avant le numéro.

139 — L'Occupation, par Lingée.
Très-belle épreuve avant le numéro.

140 — La Promenade du soir, par Ingouf.
Belle épreuve.

141 — La Soiré d'hyver, par Ingouf junior.
Superbe épreuve avant le numéro, marge.

142 — La Surprise.
Belle épreuve.

143 — La Toilette, par Voyez l'aîné.
Très-belle épreuve.

144 — Le Petit Jour, par N. de Launay.
Très-belle épreuve.

115 — La Complaisance maternelle, par N. de Launay.
Très-belle épreuve, toute marge.

146 — Les Époux curieux. — L'Horoscope accompli. — Deux pièces faisant pendants, gravées par Ponce.
Très-belles épreuves.

147 — La Famille suisse.
Très-belle épreuve avant toutes lettres et avant la bordure.

FORTIER

148 — Le Café politique.
Belle épreuve.

GARNERAI

149 — La Jarretière, par M. Le Grand.
Superbe épreuve avant toutes lettres, les noms des artistes tracés à la pointe, toute marge. Très-rare.

GRAVELOT (D'après H.)

150 — Apollon et les Muses couronnant le buste de Louis XVI.
Charmante vignette.

GREUZE (D'après J.-B.)

151 — La Belle-Mère, par C. Le Vasseur.
Belle épreuve signée au verso : Greuze et Le Vasseur.

152 — La Bonne Éducation. — La Paix du ménage. Deux pièces faisant pendants, gravées à l'eau-forte par Moreau et terminées au burin par P.-C. Ingouf.
Très-belles épreuves.

153 — La Cruche cassée, par J. Massard.
Superbe épreuve avec marge. Signée au verso : Greuze et Massard.

154 — Le Donneur de sérénade. — La Paresseuse. Deux pièces faisant pendants, gravées par P.-L. Moîtte.
Très-belles épreuves, grandes marges.

155 — L'Écureuse, par Beauvarlet.
Très-belle épreuve.

156 — L'Enfant gâté, par Maleuvre.
Très-belle épreuve, toute marge.

GREUZE (D'après J.-B.)

157 — La Fille confuse, par Ingouf.
Très-belle épreuve avant la dédicace.

157 *bis*. — La même estampe.
Belle épreuve, marge.

158 — Le Geste napolitain, par P.-L. Moitte.
Belle épreuve.

159 — La Laitière, gravée par Le Vasseur.
Belle épreuve.

160 — La Paresseuse, par P. Moitte.
Très-belle épreuve, grande marge.

161 — La Philosophie endormie (C'est le portrait de
Mme Greuze), gravée à l'eau-forte par Fragonard et ter-
minée par Aliamet.
Très-belle épreuve.

162 — Les Premières Leçons de l'amour, par Voyez.
Très-belle épreuve avant toutes lettres.

162 *bis*. — La même estampe.
Très-belle épreuve, grande marge.

163 — Retour de Nourrice, par Hubert.
Très-belle épreuve.

164 — La Savonneuse, par J. Danzel.
Très-belle épreuve, grande marge.

165 — Thaïs ou la Belle pénitente, par J.-C. Levasseur.
Très-belle épreuve avant la dédicace, grande marge.

166 — La Tricoteuse endormie, par C. Donat-Jardinier.
Très-belle épreuve.

167 — La Vertu chancelante, par J. Massard.
Très-belle épreuve.

HILAIR (D'après J.-B.)

168 — L'Esclave heureux, par J. Mathieu.
Très-belle épreuve, marge.

HEILLMAN (D'après)

169 — Le Bon Exemple. — Mademoiselle sa sœur. Deux
pièces faisant pendants, gravées par Chevillet.
Très-belles épreuves avant la lettre.

169 bis — Les mêmes estampes.
Très-belles épreuves avec marges.

INCROYABLES (Pièces sur les)

170 — Ah! qu'il est donc drôle! Haie! dis donc, ma lor-
gnette te fait peur.
Très-belle épreuve, toute marge.

171 — Aristide et Brise-scellé.
Très-belle épreuve, toute marge.

172 — Le Bœuf à la mode, par Leclerc, d'après Lançon.
Très-belle épreuve, toute marge.

173 — La Folie du jour, gravée par Tresca.
Belle épreuve.

174 — La Science du jour.
Très-belle épreuve, toute marge.

JEAURAT (D'après E.)

175 — La Coquette. — La Dévote. — L'Économe. — La
Sçavante. Quatre pièces faisant pendants, gravées par
M. Aubert.
Très-belles épreuves, grandes marges.

JEAURAT (D'après E.)

176 — La Place Maubert, par Aliamet.
Très-belle épreuve, grande marge.

177 — Le Transport des filles de joye à l'hôpital. — Le Carnaval des rues de Paris. Deux pièces faisant pendants, gravées par C. Levasseur.
Belles épreuves, marges.

JEUX (Pièces sur les)

178 — Le Jeu des illustres capitaines, philosophes, orateurs ou poëtes. 1672. — Le Divertissement des religieuses ursulines. — Le Jeu des nations principales de la terre. 1705. — Le Jeu de la guerre. — Nouveau Jeu militaire, 1719. — Le Divertissement royal. — Jeu des bons enfants. — Nouveau tour et façon de jouer des gobelets. — Jeu de la Révolution française tracé sur le plan du jeu d'oye, renouvelé des Grecs. 1790, etc.
Dix-huit pièces curieuses et rares.

179 — Jeux de rébus, la plupart publiés chez Demortain, de 1716 à 1730. Quatorze pièces.

LA FONTAINE (J. de)

180 — Illustrations pour les Contes de La Fontaine, d'après Boucher, Eisen, Lancret, Laurin, Le Clerc, Le Mesle, Pater, Vleughels.
La Courtisane amoureuse, par de Larmessin.
Le Calendrier des vieillards, par de Larmessin.
Le Fleuve Scamandre, par de Larmessin.
Le Magnifique, par de Larmessin.
La Gageure des trois commères, par Tardieu.
Le Cas de conscience, par Tardieu.

LA FONTAINE (J. de)

Promettre et tenir c'est un, par Le Grand.
A Femme avare galant escroc, par de Larmessin.
La Servante justifiée, par de Larmessin.
Le Faucon, par de Larmessin.
Le Gascon puni, par de Larmessin.
Le petit Chien qui secoue de l'argent et des pierreries, par de Larmessin.
Les deux Amis, par de Larmessin.
Les Oyes du frère Philippe, par de Larmessin.
Les Rémois, par de Larmessin.
Les Troqueurs, par de Larmessin.
Nicaise, par de Larmessin.
On ne s'avise jamais de tout, par de Larmessin.
Pâté d'anguille, par de Larmessin.
L'Anneau de Hans-Carvel, par Aveline.
La Chose impossible, par D. Sornique.
Le Faiseur d'oreilles et le raccommodeur de moules, par de Larmessin.
Le Rossignol, par de Larmessin.
La Clochette, par Fillœul.
Le Cuvier, par Fillœul.
La Courtisane amoureuse, par Fillœul.
La Matrone d'Éphèse, par Fillœul.
Le Baiser donné, par Fillœul.
Le Baiser rendu, par Fillœul.
Le Cocu battu et content, par Fillœul.
Le Glouton, par Fillœul.
Le Savetier, par Fillœul.
Les Aveux indiscrets, par Fillœul.
Frère Luce, par de Larmessin.
La Jument du compère Pierre, par de Larmessin.
Le Bast, par de Larmessin.
Le Villageois qui cherche son veau, par de Larmessin.

37 pièces. Suite très-rare à trouver aussi complète. Très-belles épreuves dont on ne voit que le titre, les marges inférieures ayant été coupées après les premiers vers.

LANCRET (D'après N.)

181 — A Femme avare galant escroc, par de Larmessin. —
Très-belle épreuve avant l'adresse de Buldet, marge.

LANCRET (D'après N.

182 — Frère Luce, par de Larmessin.
Très-belle épreuve avant l'adresse de Buldet, marge.

183 — On ne s'avise jamais de tout, par de Larmessin.
Très-belle épreuve avant l'adresse de Buldet, marge.

184 — Les Oyes du frère Philippe, par de Larmessin.
Très-belle épreuve avant l'adresse de Buldet, marge.

185 — Le Petit Chien qui secoue de l'argent et des pierreries, par de Larmessin.
Très-belle épreuve avant l'adresse de Buldet, marge.

186 — La Servante justifiée, par de Larmessin.
Belle épreuve.

187 — Les Troqueurs, par de Larmessin.
Très-belle épreuve avant l'adresse de Buldet, marge.

188 — *Trop indolent Tircis, laisse la symphonie, etc.*, par
S. Sylvestre.
Très-belle et rare épreuve avant toutes lettres, non terminée.

189 — Repas italien, par J.-P. Le Bas.
Très-belle épreuve.

190 — Grandval, par P. Le Bas.
Belle épreuve.

191 — Mlle Camargo, par L. Cars.
Très-belle épreuve avant le nom de la Camargo. Rare.

192 — Mlle Sallé, par de Larmessin.
Très-belle épreuve.

LAWREINCE (D'après N.)

193 — L'Assemblée au concert, par Dequevauviller.
Très-belle épreuve avant la dédicace. Rare.

LAWREINCE (D'après N.)

194 — L'Assemblée au concert. — L'Assemblée au salon. Deux pièces faisant pendants, gravées par Dequevauviller.
Superbes épreuves en parfaite condition.

195 — Le Billet doux. — Qu'en dit l'abbé ? Deux pièces faisant pendants, gravées par N. de Launay.
Très-belles épreuves, grandes marges.

196 — Le Concert agréable, par C.-N. Varin.
Très-belle épreuve.

197 — La Consolation de l'absence, par N. de Launay.
Superbe épreuve.

198 — Le Déjeuner anglais, par Vidal.
Très-belle épreuve.

199 — La même estampe.
Contre épreuve.

200 — Le Directeur des toilettes, gravé par Voyez l'aîné.
Superbe épreuve avant toutes lettres. Très-rare.

201 — L'heureux Moment, par Mairé.
Belle épreuve.

202 — Le Lever des ouvrières en modes. — Le Coucher des ouvrières en modes. Deux pièces faisant pendants, gravées par Dequevauviller.
Très-belles épreuves.

203 — La Marchande à la toilette, par Vidal.
Très-belle épreuve.

204 — Le Mercure de France, par Guttenberg.
Très-belle épreuve.

205 — Nina, par Colinet.
Belle épreuve. Rare.

206 — Les Nymphes scrupuleuses, par Vidal.
Très-belle épreuve.

LAWREINCE (D'après N.)

207 — La Partie de musique, par V. Langlois.
Très-belle épreuve.

208 — Qu'en dit l'abbé? par N. de Launay.
Superbe épreuve avant la lettre et avant les armes. Très-rare.

209 — Le Repentir tardif, par Le Vilain.
Très-belle épreuve.

210 — La Soubrette confidente, par G. Vidal.
Superbe épreuve avant la dédicace. Rare.

211 — Les Soins mérités, par de Launay.
Superbe épreuve avant la dédicace, grande marge. Rare.

LE BARBIER

212 — Départ du milicien. — Retour du milicien. Deux
pièces faisant pendants, gravées par Cl. Duflos.

LE BEL (D'après E.)

213 — La voilà prise, par Niquet.
Belle épreuve, marge.

LE BRUN (D'après)

214 — Le Maître de musique. — L'École de l'amour. Deux
pièces faisant pendants, gravées par J. Coquerel et
Châtelain.
Très-belles épreuves.

215 — La Toilette de la mariée ou le Jour désiré, par Dem-
brun.
Très-belle épreuve

LEBRUN (D'après Mme L.-E. Vigée)

216 — Madame la marquise de Sabran, par D. Berger. In-f°.
Très-belle épreuve avec marge d'un portrait très-rare.

LE CLERC (D'après F.)

217 — Les Baigneuses, par Deny.
Belle épreuve. Rare.

LE MESLE (D'après E.)

218 — Le Cuvier, par Fillœul.
Très-belle épreuve, marge.

LE PRINCE (D'après J.-B.)

219 — La Cage symbolique, par M. Fessard.
Superbe épreuve avant la dédicace, grande marge.

LESPINASSE (D'après le chevalier de)

220 — Vue du Palais-Royal, des Galeries et du Jardin, par Varin frères.
Très-belle épreuve, grande marge.

LOUTERBOURG (D'après)

221 — La Chute dangereuse, par Délaunay.
Rare épreuve à l'état d'eau-forte, marge.

MARTINI (P.-A.)

222 — Portraits de Leurs Majestés et de la Famille Royale visitant l'Exposition de l'Académie royale, à Londres, en 1789, d'après P. Ramberg.
Superbe épreuve avant la lettre (lettres tracées). Très-rare.

223 — Coup d'œil exact de l'arrangement des peintures au salon du Louvre, en 1785.
Très-belle épreuve.

224 — Exposition au salon du Louvre en 1787. A Paris, chez Bornet.
Très-belle épreuve.

MERCIER (D'après)

225 — La belle Dormeuse, par J. Avril. ————
Très-belle épreuve.

MEYER (D'après)

226 — Nanette effrayée, par Guttenberg. ————
Deux épreuves dont l'une à l'état d'eau-forte. Rare.

MOITTE (D'après P.-E.)

227 — L'Écueil de l'innocence, par Deny. ————
Superbe épreuve avant toutes lettres.

228 — Le Consommé. — L'Écueil de l'innocence. Deux
pièces faisant pendants, gravées par Deny.
Très-belles épreuves.

229 — La Surprise agréable, par Vidal. ————
Très-belle épreuve, grande marge.

MONNET (D'après Сн.)

230 — Les Baigneuses surprises, par G. Vidal. ————
Très-belle épreuve avant la lettre et avant les changements dans les
cheveux.

230 *bis* — La même estampe. ————
Très-belle épreuve, grande marge.

231 — Jupiter et Io, par Vidal. ————
Très-belle épreuve avant toutes lettres et avant la draperie.

232 — Renaud et Armide, par Vidal. ————
Belle épreuve avant toutes lettres et avant la draperie.

233 — Le Roi d'Éthiopie, par G. Vidal. ————
Très-belle épreuve avant toutes lettres et avant les draperies.

233 *bis* — La même estampe. ————
Belle épreuve avec la lettre.

MONNET (D'après Ch.)

234 — Salmacis et Hermaphrodite, par Vidal.
Belle épreuve, grande marge.

235 — Vénus et Adonis, par G. Vidal.
Très-belle épreuve avant toutes lettres et avant les draperies. Remargée.

MOREAU (J.-M.)

236 — Petite Vue de la cathédrale d'Orléans.
Très-belle épreuve.

MOREAU (D'après J.-M.)

237 — L'Accord parfait, par Helman.
Superbe épreuve avant la lettre.

238 — Les Délices de la maternité, par Helman.
Superbe épreuve avant la lettre.

239 — Le Lever, par Halbou.
Superbe épreuve avant la lettre.

240 — N'ayez pas peur, ma bonne amie, par Helman.
Superbe épreuve avant la lettre.

241 — Oui et non, par N. Thomas.
Superbe épreuve avant la lettre.

242 — La Partie de whist, par J. Dambrun.
Superbe épreuve avant la lettre.

243 — Les Précautions, par P. A. Martini.
Superbe épreuve avant la lettre.

244 — Le Rendez-vous pour Marly, par C. Guttenberg.
Superbe épreuve avant la lettre.

245 — Le Souper fin, par Helman.
Superbe épreuve avant la lettre.
Les neuf pièces précédentes, faisant partie de la suite du Monument du costume physique et moral, sont toutes en parfaite condition. En cet état, elles sont de la plus grande rareté.

MOREAU (D'après J.-M.)

246 — Le Couronnement de Voltaire sur le Théâtre-Français, après la sixième représentation d'*Irène*, gravé par Gaucher.
    Superbe épreuve avant toutes lettres, marge.

247 — Allégorie sur la Révolution. Le portrait de Bailly est suspendu à un socle sur lequel se trouve le buste de Louis XVI; dans le fond, la prise de la Bastille. Gravé par Dambrun.
    Superbe épreuve avant toutes lettres; les noms des artistes tracés à la pointe.

248 — La Foire à Saint-Cloud, charmante vignette gravée par Delaunay.
    Très-belle épreuve.

249 — Ouverture des États-Généraux à Versailles, le 5 mai 1789. — Constitution de l'Assemblée nationale.
    Très-belles épreuves avec la liste du nom des députés, laquelle a été ensuite effacée, toutes marges.

250 — La Plaine des Sablons. — Revue passée par Louis XVI des gardes-françaises et des gardes-suisses.
    Superbe épreuve avant la lettre et avant de nombreux travaux. Les marges sont couvertes d'essais de burin.
    Cette pièce, d'un grand intérêt historique, est la plus importante de l'œuvre du maître.

251 — Portrait de la reine Marie-Antoinette, gravé par Le Mire.
    Superbe épreuve avant toutes lettres. Très-rare.

252 — Tombeau de Jean-Jacques Rousseau à Ermenonville.
    Très-belle et rare épreuve avec la vieille femme agenouillée à gauche et qui fut supprimée sur l'ordre de la Sorbonne.

253 — Trait de bienfaisance de la reine Marie-Antoinette, vignette gravée par Le Mire.
    Très-belle épreuve.

MOREAU (D'après J.-M.)

254 — Quatorze pièces pour l'illustration des œuvres de
Rousseau.
Belles épreuves.

MOREAU (D'après L.)

255 — Le Villageois entreprenant. — L'Escarpolette. Deux
pièces faisant pendants, gravées par Patas.
Superbes épreuves avant la lettre. Très-rares.

256 — Parc de Mériville, Jardin de Mme de La Borde, près
d'Étampes, par E. Pauquier.
Très-belle épreuve avant la lettre. Rare.

NODET (D'après)

257 — Vue de la grande parade par le Premier Consul,
tous les 15 de chaque mois, dans la cour des Tuileries;
gravée par Le Grand.
Très-belle épreuve.

OUDRY (J.-B.)

258 — Sujets de chasse. Suite complète de quatre pièces.
Belles épreuves.

PATER (D'après J.-B.)

259 — Les Aveux indiscrets, par Fillœul.
Très-belle épreuve, avec l'adresse de Fillœul.

260 — Le Glouton, par Fillœul.
Très-belle épreuve.

261 — Mademoiselle Dangeville, la jeune, par Ph. Le Bas.
Très-belle épreuve.

262 — Les Comédiens à table.
Contre épreuve avant la lettre.

PETERS (D'après de)

263 — L'Amour maternel, par Chevillet.
Belle épreuve.

PETIT (A Paris chez)

264 — Scène VII de.... On lit au bas dans un cartouche *Le père La Joye. C'est la petite Thérèse*, etc. Composition ovale dans un cadre ornementé.
Très-belle épreuve à l'état d'eau-forte.

PIERRE (D'après N.-B. de la)

265 — Dame grecque à sa toilette, par R. d'Elvaux.
Belle épreuve remargée

QUEVERDO (D'après J.-M.)

266 — Nouvelles du Bien-Aimé, gravé à l'eau forte par Queverdo et terminé au burin par Romanet.
Très-belle épreuve, toute marge.

267 — Le Sommeil interrompu, par Dambrun.
Superbe épreuve avant la dédicace, toute marge.

QUEVERDO, DUCLOS

268 — Vignettes pour Annette et Lubin.
Six pièces in-8° par Auvray, Martinet, Patas. Plus un dessin signé *Rodian* 1774. Ensemble sept pièces.

RAMBERG

269 — Les Lunettes.
Composition capitale de l'artiste. Belle épreuve.

RAOUX (D'après J.)

270 — Angélique et Médor, par de Launay.
Belle épreuve.

RÉVOLUTION (Pièces sur la)

271 — La Princesse Élisabeth sortant de la conciergerie. — Assassinat de Marat. — Mort de Charlotte Corday. — Arrestation et mort de Robespierre, etc. Treize pièces.
Belles épreuves avec marge.

SAINT-AUBIN (A. de)

272 — Au moins soyez discret.
Superbe épreuve avant la lettre, les noms de l'artiste tracés à la pointe; grande marge.

273 — Jupiter et Léda.
Superbe épreuve avant la dédicace et avec les noms des artistes tracés à la pointe, toute marge.

274 — Le Réfractaire amoureux. — C'est sur cet autel où je prête le serment.
Superbe et très-rare épreuve avant les noms de l'artiste et avant de nombreux changements; notamment dans les armes et dans la figure de l'abbé, qui depuis a été remplacée par celle d'un officier, plus une épreuve de l'état actuel de la planche. Deux pièces.

SAINT-AUBIN (D'après A. de)

275 — Le Bal paré. — Le Concert. Deux pièces faisant pendants, gravées par Duclos.
Très-belles épreuves, remargées.

276 — La Promenade des Remparts de Paris. — Tableau des portraits à la mode. Deux pièces faisant pendants, gravées par Courtois.
Très-belles épreuves.

SAINT-AUBIN (D'après GABRIEL de)

277 — Comparaison du bouton de rose, gravé par Dennel. —
Belle épreuve, marge.

SHENAU (D'après J.-E.)

278 — Les Dragons de Vénus, par Halbou. —
Superbe épreuve avant toutes lettres. Rare.

279 — Le Miroir cassé, par Chevillet.
Très-belle épreuve avec marge.

280 — La Naissance des Désirs, par Mesnil.
Belle épreuve.

281 — Le Réveil maladroit.
Superbe épreuve avant toutes lettres. Très-rare.

282 — Dame tenant un rouet.
Très-belle épreuve avant toutes lettres, grande marge.

TAUNAY (D'après)

283 — Foire de village. — Noce de village. Deux petites
pièces, gravée par Descourtis.
Belles épreuves, marges.

TOUZÉ (D'après J.)

284 — Les Amusements dangereux, par Voyez, le jeune.
Très-belle épreuve, grande marge.

VALET

285 — Ques-là, par A. Le Grand.
Très-belle épreuve à toute marge. Rare.

VANLOO (D'après Сн.)

286 — La Confidence. — La Sultane. Deux pièces faisant
pendants, gravées par J. Beauvarlet.
Très-belles épreuves avec marge.

287 — La Lecture espagnole. — La Conversation espagnole. Deux pièces faisant pendants, gravées par Beauvarlet.
Très-belles épreuves.

288 — Madame la Marquise de PomPadour (La belle jar-
dinière), par J. L. Anselin.
*Superbe épreuve avant toutes lettres, les noms des artistes tracés à
la pointe. Remargée.*

VAN GORP (D'après)

289 — La Surprise à la vue du convive inopiné, par J.
D. Grundman.
Belle épreuve tirée en bistre.

VIGNETTES

290 — Cinq vignettes d'après Monnet, gravées par Delaunay Patas pour le *Vert-Vert* et le *Lutrin.*

291 — Cinq vignettes gravées d'après Gravelot par Delaunay, Simonet, etc. pour l'*Honnête criminel* de Falbert.

242 — Vignettes d'après différents maîtres pour illustrer
la *Pucelle de Voltaire.* Douze pièces.

293 — Suite de Douze grandes vignettes et de douze en-
tête de pages tirées à part, gravées par Boily, d'après
Bolomey.
Superbes épreuves non-ébarbées.

293 *bis.* — Dix vignettes pour différentes suites, gravées
par de Longueil, d'après Ch. Eisen.
Belles épreuves.

WATTEAU (Antoine)

294 — Figure de modes. Suite complète de sept pièces. —
Belles épreuves avec l'adresse de Hecquet. Le n° 7, est sans marge.

WATTEAU (D'après Antoine)

295 — L'Amour désarmé, par B. Audran.
Très-belle épreuve, toute marge.

296 — L'Amour au Théâtre italien, par C. N. Cochin. —
Très-belle épreuve.

297 — *Arlequin, Pierrot et Scapin, etc.,* par L. Surugue.
Très-belle épreuve avant toutes lettres. Rare.

297 *bis* — La même estampe.
Très-belle épreuve avec la lettre, marge.

298 — Amusements champestres. Deux jolies pièces gravées à l'eau forte, par un anonyme. *Se vend à Paris,
chez le Sr Godennesch, rue Saint-Denis à la ville de Saint-
Quentin.*
Très-belles épreuves. Rares.

299 — L'Amusement. — L'Heureuse rencontre. Deux pièces (arabesques) faisant pendants, gravées par Huquier.
Très-belles épreuves.

300 — Le Bosquet de Bacchus, par C. N. Cochin. —
Très-belle épreuve, grande marge.

301 — La Comédie Italienne, par Ransonnette.
Belle épreuve avant toutes lettres d'une pièce très-rare.

302 — Comédiens français, par Liotard.
Belle épreuve.

303 — Le Conteur, par C. N. Cochin.
Très-belle épreuve avant le titre et avant divers travaux, au bas
huit vers : *Au faible effort que fait Iris pour se défendre,* etc. Rare.

WATTEAU (D'après ANTOINE)

304 — La Cause badine. — Les Enfants de Momus. Deux pièces (arabesques), gravées par J. Moyreau.
Très-belles épreuves.

305 — La Danse paysanne, par B. Audran.
Belle épreuve.

306 — Le Dénicheur de moineaux, gravé par C. (arabesque.)
Belle épreuve.

307 — Départ des Comédiens italiens en 1697, par L. Jacob.
Belle épreuve.

308 — Les Deux cousines, par Baron.
Très-belle épreuve, très-grande marge.

309 — Dessus de clavecin, par le Comte de Caylus.
Très-belle épreuve avec marge. Rare.

310 — Diane au bain, par P. Aveline.
Belle épreuve.

311 — Les Fêtes vénitiennes, par L. Cars.
Superbe épreuve.

312 — L'Indiscret, par Aubert.
Très-belle épreuve, grande marge.

313 — Dans un site champêtre, un jeune homme est aux pieds d'une femme. Pièce gravée à l'eau-forte, par un anonyme. — L'Été, par Huquier (arabesque). Deux pièces.

314 — *La plus belle des fleurs ne dure qu'un matin*, etc., par J.-M. Liotard.
Très-belle épreuve.

WATTEAU (D'après Antoine)

315 — Louis XVI mettant le cordon bleu à Monsieur de Bourgogne, par N. de Larmessin.
Très-belle épreuve, marge.

316 — L'Occupation selon l'âge, par Dupuis.
Très-belle épreuve.

317 — Portrait d'Antoine de La Roque, par Lépicié.
Belle épreuve.

318 — *Pour nous prouver que cette belle*, etc., par L. Surugue.
Très-belle épreuve avant toutes lettres. Rare.

319 — La Perspective, par Crépy.
Très-belle épreuve.

320 — Les Plaisirs du Bal, par Scotin.
Très-belle épreuve.

321 — Le Plaisir pastoral, par N. Tardieu.
Très-belle épreuve, marge.

322 — Portrait de J.-B. Rebel, par Moyreau.
Très-belle épreuve, toute marge.

323 — Le Printemps. — L'Été. — l'Automne et l'Hiver. Suite de quatre pièces en largeur, gravées par Brillon, Moyreau, J. Audran et de Larmessin.
Très-belles épreuves, grandes marges.

324 — Le Repas de campagne. — La Sainte famille. Deux pièces gravées par Deplace et M. J. Renard du Bos.
Belles épreuves.

325 — La Sérenade italienne, par C. Scotin.
Très-belle épreuve, toute marge.

326 — La Troupe italienne.
Belle épreuve avec l'adresse de F. Chéreau, marge.

327 — *Voulez-vous triompher des belles*, etc., par Thomassin.
Très-belle épreuve, marge.

WILLE (P.-A.) fils

328 — Le Petit Waux-hall, par Wille fils (P.-A.).
Très-belle épreuve.

WILLE (D'après P.-A.)

329 — Amusement du jeune âge, par Chevillet.
Belle épreuve.

330 — La bonne mère, par Chevillet.
Superbe épreuve avant toutes lettres, toute marge.

331 — Le Patriotisme français. — La Double récompense
du mérite. Deux pièces faisant pendants, gravées par
Avril.
Superbes épreuves avant la lettre, petites lettres tracées. Très-rare.

332 — Le Pucelage, par J. H. E.
Belle épreuve.

PIÈCES IMPRIMÉES EN COULEUR

ANONYME

333 — Les Adieux de Louis XVI. Petite pièce ronde im-
primée en bistre. Très-rare.

BAUDOUIN (D'après)

334 — L'Agréable négligé, par Janinet.
Très-belle épreuve.

BOILLY (D'après Louis)

335 — La Comparaison des petits pieds. Pièce ovale. Rare.

336 — La Solitude, par Tresca.
Très-belle épreuve, toute marge.

BONNET (D'après L.)

337 — Le Bain. — La Toilette. Deux pièces faisant pendants, d'après Jollain.
Très-belles épreuves.

338 — Le Bon-accord. — Le Joli nid. Deux pièces ovales faisant pendants, d'après Cheveaux.
Belles épreuves.

339 — L'Éventail cassé. — L'Amant écouté. Deux pièces faisant pendants, d'après Huet.
Très-belles épreuves.

340 — Le Mari galant. — Le Mari complaisant. Deux pièces faisant pendants. Rares.

BOREL (D'après)

341 — La Bascule, par Leveillé.
Superbe épreuve, toute marge.

BOSIO (D'après D.)

342 — Le Lever des ouvrières en linge. — Le Couche des ouvrières en linge. Deux pièces faisant pendants.
Très-belles épreuves.

343 — Le Dimanche des ouvrières. — Un Site à Tivoli. — Le Jeu des quatre coins. — La Main-chaude. Quatre pièces.
Belles épreuves.

BOUCHER (D'après François)

344 — Jeune fille, gravée aux trois crayons, par Bonnet.
Très-belle épreuve avant que la poitrine ait été en partie recouverte, marge.

345 — Jeune fille portant des fleurs, par Demarteau. —
Très-belle épreuve, grande marge.

346 — Portrait de Madame Favart dans le rôle de Ninette. — gravé au trois crayons, par Demarteau.
Très-belle épreuve.

347 — Deux Jeunes filles avec des amours, par Demarteau.
Très-belle épreuve, toute marge.

CARÊME (D'après P.)

348 — La Bacchante enivrée, par Janinet. —
Superbe épreuve.

349 — Les Curieux, par Thouvenin.
Très-belle épreuve. Rare.

CHALLE (D'après M.-A.)

350 — La Saison des amours, par A. Le Grand. —
Belle épreuve.

CHAPUY (J.-B.)

351 — Vue perspective du Champ de Mars le jour de la fédération.
Très-belle épreuve.

CARICATURES

352 — Arrestation de Pichegru. — Arrestation de G. Cadoudal. — La Ménagerie de la rue Impériale. — Tableaux des pavillons qui s'arborent sur les vaisseaux de guerre et du commerce. — Costumes français et étrangers, etc. Quinze pièces coloriées.

CARICATURES

353 — Les Habits retournés. — Le Mât de cocagne. — A M. le Marquis de Lafayette, etc., etc. — Caricatures politiques. Huit pièces.

354 — Les Trois Grâces au ballet, — Duo de seringues. — Les Coulisses de l'Opéra, etc. Huit pièces.

DEBUCOURT (P.-L.)

355 — Almanach national.
Très-belle épreuve. Rare.

356 — Annette et Lubin.
Belle épreuve.

357 — Les Deux baisers.
Superbe épreuve de la plus grande fraîcheur, sans marge. Très-rare.

358 — La Promenade publique.
Très-belle épreuve, remargée

359 — Promenade dans la galerie du Palais-Royal.
Très-belle épreuve, petite marge. Rare.

360 — Promenade du jardin du Palais-Royal.
Superbe épreuve avec marge. Rare.

361 — La Noce au château.
Superbe épreuve avant toutes lettres. Le nom tracé à la pointe.

362 — Le Menuet de la Mariée. — La Noce au château. Deux pièces faisant pendants.
Très-belles épreuves.

363 — Louis XVI en pied, in-f°.
Superbe épreuve avec marge, Très-rare.

364 — La Femme et le Mari ou les époux à la mode.
Très-belle épreuve, marge.

365 — Les Galants surannés ou les petits papas à la mode.
Très-belle épreuve, marge.

DEBUCOURT (P.-L.)

366 — Un Gourmand (1803) (c'est le portrait de Debucourt. — Un usurier (1804). Deux pièces faisant pendants.
Très-belle épreuve, grande marge.

367 — La Bénédiction paternelle.
Superbe épreuve avant la lettre. Rare.

368 — La Danse des chiens en désordre, d'après C. Vernet.
Très-belle épreuve, grande marge.

369 — Route de poste, d'après C. Vernet.
Très-belle épreuve, marge.

370 — Route de Poissy, d'après C. Vernet.
Très-belle épreuve, marge.

371 — Les Chevaux de bateau, d'après C. Vernet.
Très-belle épreuve, marge.

372 — La Course nº 3. — Fin de la Course nº 4. Deux
pièces, d'après C. Vernet.
Très-belles épreuves.

DESCOURTIS

373 — La Foire de village, d'après Taunay.
Très-belle épreuve avant que les armes et la dédicace aient été
enlevés.

374 — Le Tambourin, d'après Taunay.
Très-belle épreuve.

375 — La même estampe.
Très-belle épreuve.

DIVERS

376 — Douze pièces, d'après Boucher, Miet, Watteau, etc.

377 — Douze pièces, d'après différents maîtres.

DROLLING

378 — Le Chapeau. — Le Vieillard. Deux pièces faisant pendants, gravées par Perdriau.
Très-belles épreuves. Rares.

FREUDEBERG (D'après)

379 — Sujets Suisses. Deux pièces.
Épreuves avant toutes lettres.

GUYOT

380 — Le Colin-Maillard. Charmante petite pièce de forme ovale.
Très-belle épreuve.

381 — Action courageuse de Joseph Chrétien. Deux pièces faisant pendants, dédiées à M. de Béthune.
Très-belles épreuves. Rares.

HUET (D'après J.-B.)

382 — L'Amant écouté. — L'Éventail cassé. Deux pièces faisant pendants, gravées par Bonnet.
Très-belles épreuves, sans marge.

383 — L'Amant pressant. — La Déclaration, par A. Legrand. Deux pièces faisant pendants, gravées par Legrand.
Très-belles épreuves, marges.

384 — L'Amour offrant des présents à Arianne, par Bonnet.
Très-belle épreuve, marge.

385 — L'Amour couronné par les Grâces. — Les Grâces enchaînées par l'Amour. Deux pièces faisant pendants, gravées par Chaponnier.
Belles épreuves, toutes marges.

HUET (D'après J.-B.)

386 — *The Balance.* — *The Sump.* Deux pièces faisant pendants, par Bonnet.
Très-belles épreuves.

387 — Le Départ du marché. — Le Retour du marché
Deux pièces faisant pendants, gravées par L. Legrand.
Très-belles épreuves, marges.

388 — L'Heureux chat, par Bonnet. —————————
Très-belle épreuve. Rare.

389 — Le Maître de musique. — Le Maître de dessein.
Deux pièces faisant pendants, gravées par L. Bonnet.
Très-belles épreuves avec marge.

390 — Les Nymphes au bain, par Bonnet.
Superbe épreuve avant la lettre et avec une petite marge.
Rare.

JANINET

391 — La Bacchante enivrée, d'après Carème.
Superbe épreuve.

392 — Nina, d'après Hoin. (C'est le portrait de Madame
de Saint-Aubin dans le rôle de Nina ou la folle par
amour.
Très-belle épreuve. Rare.

393 — La Noce de village. — Le Repas des moissonneurs.
d'après P. A. Wille fils.
Très-belles épreuves, sans marges.

394 — Projet d'un monument à ériger pour le roi, d'après
de Varène.
Très-belle épreuve.

395 — Les Trois Grâces, d'après Pellegriñi.
Superbe épreuve avant la lettre et avant la guirlande de fleurs,
toute marge.

396 — Vénus désarmant l'Amour, d'après Charlier.
Très-belle épreuve, marge.

JUBIER

397 — Le Berger dangereux.
Très-belle épreuve.

LAWREINCE (D'après N.)

398 — L'Aveu difficile, par Janinet.
Superbe épreuve d'une très-grande fraîcheur.

399 — La Comparaison, par Janinet.
Superbe épreuve, grande marge.

400 — Les Deux cages ou la plus heureuse, par de Bréa.
Belle et rare épreuve avant la lettre. Le titre tracé à la pointe (état non décrit).

401 — *Le Green.* — *The Grave.* Deux pièces faisant pendants.
Très-belles épreuves, la marge du bas de la pièce *the grave* est rapportée. Rares.

402 — Le Joli chien.
Très-belle épreuve avec marge. Rare.

403 — Le Petit conseil, par Janinet.
Très-belle épreuve.

404 — La Sentinelle en défaut. — L'Accident imprévu. Deux pièces faisant pendants; gravées par Darcis.
Très-belles épreuves.

LE CLERC (D'après)

405 — Le Jeu de l'escarpolette. — La Chute favorable. Deux pièces coloriées faisant pendants.
Belles épreuves.

LE CŒUR

406 — Néant à la requête.
Très belle épreuve d'une pièce rare. Remargée.

MALLET (D'après)

407 — L'Éducation du Chevalier de Faublas, par la Marquise de B...
Belle épreuve.

408 — La Nouvelle interessante, par Mixelle.
Belle épreuve.

MONNET (D'après)

409 — L'Amour est de tout âge, gravé par Robillac.
Très-belle épreuve. Rare.

MORRET (J.-B.)

410 — Le Café des patriotes. — Grande nouvelle du Nord,
d'après Swebach des Fontaines.
Très-belle épreuve.

RAMBERG (H.)

411 — Joconde. (Conte de Lafontaine.)
Très-belle épreuve, coloriée.

412 — Le Poirier enchanté, *nouvelle IX de la septième
journée des Contes de Boccace.*
Très-belle épreuve coloriée avec le plus grand soin.

413 — Le Villageois qui cherche son veau. (Conte de Lafontaine.)
Très-belle épreuve, coloriée.

REGNAULT (N.-F.)

414 — Le Bain, d'après Baudoin.
Très-belle épreuve, marge.

515 Le Lever.
Très-belle épreuve.

ROWLANDSON (D'après J.)

416 — Le Vaux-Hall, par R. Pollard.
Très-belle épreuve d'une pièce très-curieuse et très-rare.
Coloriée.

SAINT-AUBIN (D'après Augustin de)

417 — La Savoneuse, par Julien et Moret.
Très-belle épreuve avant la lettre.

417 *bis* — La même estampe.
Très-belle épreuve, marge.

SCHENAU (D'après J.-E.)

418 — Jeune fille avec un chat. Sujet ovale, gravé en bistre, par Sciffert.
Très-belle épreuve. Rare.

VERNET (D'après)

419 — Oh! c'est bien ça, par Levachez.
Superbe épreuve, sans marge.

WATTEAU (D'après Antoine)

420 — Arabesques. Deux pièces, par Guyot.
Belles épreuves.

DESSINS

RAMBERG (H.)

421 — Joconde. — La Jument du compère Pierre. — Le Poirier enchanté. — Le Villageois qui cherche son veau. — Le Rossignol.
Cinq beaux dessins à la plume pour l'illustration des Contes de Boccace et de La Fontaine.

Vᵉ Renou, Maulde et Cock, impr⁰ de la Compagnie des Commissaires-Priseurs
rue de Rivoli, 144.   64841